U0494496

红色电波永不消逝
李白烈士

中共长沙市委党史研究室 编绘

编委会

主　任

陈澎邹特

委　员

唐曙光　李卫政　李　敏　邓东京

编　审

王文珍　夏远生　蒋　烨

卢　雨　黄　啸　殷军德

编绘小组

组　长

李卫政

副组长

李　敏

组　员

肖　伟　陈佑臻　吉建良

故事梗概

李白，原名李华初，曾用名李朴、李霞、李静安等，湖南浏阳人，2009年被评为100位为新中国成立作出突出贡献的英雄模范人物之一。《李白烈士》是"长沙红"系列连环画的首发作品，主要反映李白从懵懂少年磨砺为坚强的革命战士、无线电台领域的佼佼者、坚贞不屈的革命烈士的感人事迹，特别是重点突出了李白和战友们在白色恐怖的上海机智果敢、确保红色电波永不消逝的经典场景，集中体现了李白烈士绝对忠诚、百折不挠、视死如归的高贵品质和英雄气概。

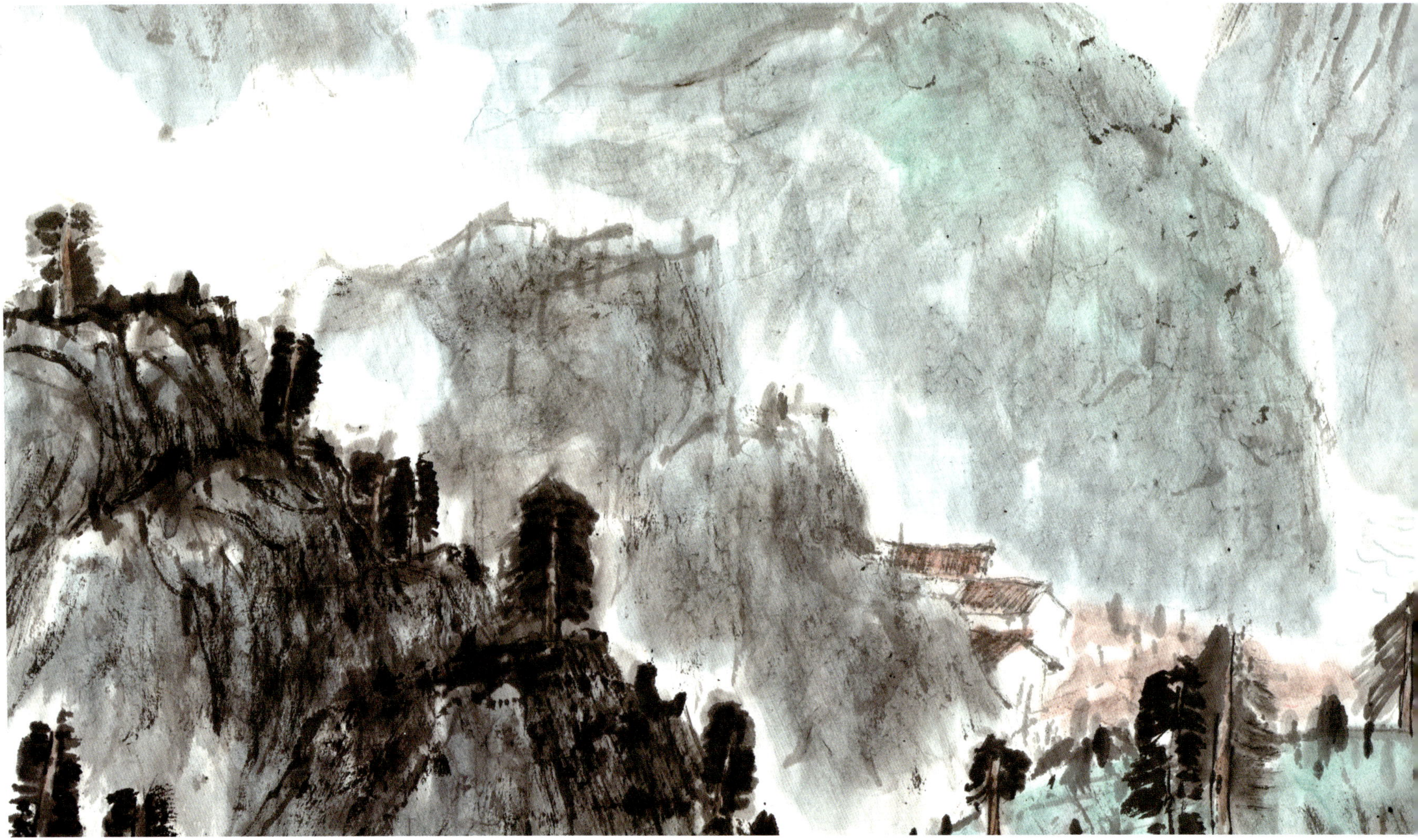

浏阳河弯过了九道弯,养育了无数的英雄儿女。地处浏阳河源头的张坊镇白石村群山环绕。1910年5月,一个婴儿在这里呱呱坠地,父亲给他取名李华初,他就是后来的革命烈士李白。

小华初出生的时代，中国沦为半殖民地半封建社会，老百姓生活非常艰难。华初的父母靠到镇上染坊谋生，一家人过着半饥半饱的生活。

华初8岁了，为了不让他成为"睁眼瞎"，全家节衣缩食送他到本乡私塾识字读书。华初穿的衣服补丁叠补丁，吃的是红薯丝拌野菜，学习却格外地刻苦勤奋。

上学时，老师给孩子们讲梁山好汉的故事，读一些进步思想文章，让小华初萌生了"为穷人找出路"的想法。

13岁开始，华初先后到镇上"乾源裕"染坊和"太和昌"染坊当学徒。尽管师傅要求很严苛，但华初凭着虚心仔细、吃苦耐劳、勤奋好学，提前半年学会了染匠的全套手艺。

出师以后，华初凭着手艺辛苦劳作，却依旧吃不饱穿不暖。这使华初深感世道不公，意识到穷人要想办法翻身。

1925年,在长沙求学的同乡王业柏等回到张坊镇宣传革命道理,秘密建立共产党组织。受他们的影响,华初逐渐明白:工农大众要翻身,只有跟着共产党闹革命。

张坊镇的田间山野，到处是华初的身影。他带着儿童团团员站岗放哨、排练唱歌；积极参加农民协会活动，和农协会员一起与土豪劣绅斗争，贴标语，烧地契，分钱粮。

在革命斗争实践中，少年华初得到了党组织的培养，日渐成熟，15岁就光荣地加入了中国共产党。

1927年5月长沙发生马日事变,白色恐怖笼罩浏阳,王业柏等许多共产党人惨遭杀害。华初的革命信念毫不动摇,9月,他参加了湘赣边秋收起义。

1927年冬天，张坊恢复了党组织，建立起农民武装。华初冒着生命危险继续走村串户，发展农民赤卫队，扩大农会组织。

1928年7月,华初带领农民赤卫队夜袭张坊镇国民党团防局,并配合红军部队,歼灭了300多人的反动武装,活捉副团总罗昌斋。

1930年8月，浏阳农民赤卫军配合红军第二次攻打长沙，华初来不及向家人告别，就跟随红军去战斗。红军第二次攻打长沙失败移师江西后，华初等200多名青年回到浏阳，浏阳县委将他们组编为学兵连，经长途跋涉又赶上了红军队伍。从此，华初更名李白，开启了新的战斗历程。

李白被分配在红军第四军做宣传员。1931年6月,红四军党委选送他去总部参加第二期无线电训练班。从此李白与无线电通讯事业结下了不解之缘。

在无线电培训班里，李白因为文化基础较差，学习更加努力。别人休息，他在练习发报技术；别人睡觉，他还要借着灯光学习一阵。

因为工作需要，组织上要求李白半年内掌握2000个英文单词，这对他这个从山沟沟里出来的农家子弟来说堪比挑山填海。但是李白迎难而上，白天照常工作，晚上加班加点苦记硬背。

1931年12月，国民党第二十六路军发动宁都起义，被红军改编为第五军团，刚从无线电训练班毕业的李白调到红五军团第十三军任无线电台政委。他在政治上用"三大纪律、八项注意"严格要求部队，生活上热忱关怀战士，将一支旧军队的无线电队改变成作风和面貌焕然一新的工农红军通讯队伍。

第四次反"围剿"时,红五军团被敌军包围在白雾茫茫的枫山坡,敌众我寡,情况万分危急。李白命令报务员赶紧架机向总部报告,但枪弹密集,电台无法安装。

李白察看地形后,果断地率领监护排冲出数百米外攻击敌人,吸引敌人火力。报务员乘机架好电台将敌情报告总部。总部援军及时赶到,李白部队与援军前后夹击,打得敌人溃不成军。

电台重于生命

1934年10月,红军队伍踏上了二万五千里长征。在灌阳新圩,负责后卫的红五军团与敌人两个师的兵力展开激战。李白的无线电队隐蔽在树林中发报,与总部保持通讯联络。在炮火硝烟中,李白向战友们发出了"电台重于生命"的号令。

艰苦的长征路上，不管是血战沙场、强攻关隘，还是爬雪山、过草地，李白作为无线电台的政委，总是带头背电台、扛枪支，团结全台同志，克服重重困难，奋勇前进。

组织上分给李白一匹名叫"黑豹子"的马,可李白很少骑它。在马背上的要么是电台辎重,要么是走不动路的小战士和老同志。

1935年3月下旬,红五军团驻扎在赤水河边的茅台村一带。一天下午,报务员架起天线正在向红军总部发送急电,两架敌机突然窜了过来,李白急忙指挥同志们隐蔽在防空壕。

架设在茅屋前的天线杆很可能成为暴露目标，在敌机的轰鸣声中，李白果敢跳出防空壕，一脚踢倒天线杆。

敌机转移目标轰炸附近的茅台村。李白趁机跨过光秃秃的坡道,与山顶防空哨所的战友会合。当敌机再次飞过来时,李白和战友们架起机枪扫射。一架敌机中弹坠毁,另一架仓惶逃走。

红军长征到达四川西部边境的硗碛村,海拔4000多米的大雪山——夹金山挡住了去路。当地有民谣:"夹金山,夹金山,鸟儿飞不过,凡人不可攀。要想越过夹金山,除非神仙到人间。"

当地老乡告诉战士们,要想过雪山,必须在上午9点到下午3点,还要多穿衣服,带上烈酒、辣椒来御寒。可是红军哪里有烈酒和辣椒等御寒之物呢?一向开朗乐观的李白也愁坏了。

李白带着司务长翻山越岭，来到了一个偏僻的小村子，惊喜地看到一户人家墙上挂满了红辣椒。可李白和战友等了许久仍不见主人回来，便只好留下银元和纸条，带着辣椒回营了。

战士们吃了辣椒和姜汤,满怀信心地翻越夹金山。李白背着电台,挂着木棍,争当"开路先锋"。正如后人《捣练子》一阕所说:冰雪冷,朔风寒,铁血红军过雪山。遮日乱云蹬脚下,气冲霄汉勇争先。

翻越大雪山后,红军又北上过草地。因为粮食稀缺,战士们不得不以树叶、草根、野果充饥,甚至煮皮带吃。长期的饥饿劳累击垮了很多人的身体,李白也病倒在芦山。

连日高烧折磨，李白力不能支，面容憔悴。战友们要他留下养伤，他却说："这点病痛算不了什么，只要心中有信念，就一定会赢得革命的胜利。"

到达陕北后，李白以更大的热情投入到工作中，和战友们一起每天收报、发报，了解敌人动态，传达党中央的指示，不知疲倦地忙碌着。

卢沟桥事变以后，抗日战争全面爆发。一天深夜，李白正在接受上海发过来的无线信号，信号突然中断——共产党在上海的秘密电台被破坏了。

上海是敌我争夺的焦点,当时日军气势汹汹,汪精卫蛊惑"曲线救国",蒋介石摇摆不定,共产党要在残酷而复杂的形势中掌握准确的信息,必须加强上海的情报工作。于是,组织上决定派李白前往上海设立秘密电台。

1937年10月，李白化名李霞，乘火车到达上海，入住新闸旅社。在这里，他见到了在上海负责电台报务和技术修理的地下党员田保洪、涂作潮以及交通员王少春。

八一三事变以后,上海形势严峻,租界以外的地区常遭日寇轰炸。上海党组织经过多方努力,终于租下法租界贝勒路148号的一栋三层楼房,这里是同情革命的单志伊一家,一楼是单志伊儿子的诊所,二楼是单家居住,李白就在三楼设置电台。

1938年初春的一个夜晚,窗外月明星稀,马路上的喧嚣也停息了。李白拉上窗帘,将发报机接上电源,带好耳机,按动电键,向延安发出了呼号。嘶嘶的电流声迅速连接了上海与延安的信号,李白心中充满喜悦。

秘密电台开通了,但是问题也来了。电波感应会引起附近居民的电灯忽明忽暗,灯光和电键声音也容易暴露,李白和师傅涂作潮认真研究,将电台功率从75瓦降低到30瓦。

但是功率太低又无法将信号传送到2000多公里外的延安。两人反复琢磨，改进技术，终于摸索出时间、波长、天线之间的规律，利用收音机的天线发射，在干扰少的深夜零点到四点发报。

每当夜静人深的时候,李白悄悄地起床,轻轻地安装好机器,将25瓦的灯泡换成5瓦的,在灯泡外蒙一层黑布,再取一小纸片贴在电键上减少噪音,然后他戴上耳机向延安发报,这样上海与延安的"空中桥梁"就畅通了。

1939年2月，党中央派龚饮冰到上海接任电台领导工作，他以湖南万源湘绣庄总经理的身份开展社会活动，他的夫人王一知也于5月抵达上海协助领导工作。龚饮冰夫妇都是李白的湖南老乡。

按照龚饮冰的指示，王一知领着李白来到万源湘绣庄。这里陈设古朴雅致，中堂挂着名人字画。为了适应秘密战线的工作需要，王一知要求李白改变原来红军战士的生活习惯，教导他如何端坐饮茶、练习书法，学习大少爷的言谈举止。

经过一段时间的学习训练，李白变为一个戴着眼镜、穿着长衫西裤、气质高雅、风度翩翩的大少爷，公开身份是给湘绣庄题写各种票据和凭证的先生。

为了掩饰李白的身份，龚饮冰和上海党组织研究决定物色一位女同志假扮其妻子，这个任务落在了沪西绸厂青年女工、地下党员裘慧英身上。

清晨,一位儒雅风流的先生和打扮入时的太太乘坐着黄包车进入弄堂,住进了法租界蒲石路蒲石村18号底楼的一个房间。这对"夫妇"就是李白和裘慧英。根据形势变化,他们将电台搬到了这里。

龚饮冰夫妇等故意过来贺喜,邻居们也以为他们是一对新婚夫妇,亲切地称呼他们"李先生""李太太"。

裘慧英当时23岁，要每天和一个陌生男子做假夫妻，觉得十分尴尬，还是想回厂里当女工。李白则语重心长地对她说，这是党交给我们的重要任务，尽管艰险，但也决不允许打退堂鼓。裘慧英这才打消思想顾虑，全心地掩护李白。

抗日战争进入战略相持阶段，电台工作极其艰巨，电文有时长达数千组字码。每天夜晚李白都要躲到小灶间发报。小灶间夏天闷热无比，蚊虫叮咬，李白经常汗流浃背，被咬得一身包；冬天寒冷彻骨，李白冻得全身发麻，手指红肿。

当李白发报时，裘慧英则时而站在窗前，时而走到门边，时刻监视着周围的动静。每次发报结束，裘慧英看到李白疲惫的样子，心疼不已。

长时间的发报引起了敌人的注意,一到晚上军警便挨家挨户地搜查。为了避免暴露,李白将电台拆卸成若干零部件分散收藏在家里,要发报时才组装起来。

有一次，发报机出现故障，裘慧英通知涂作潮前来修理。工人打扮的涂作潮进门时发现对门有个胖女人盯着他看。他假装不知道，进门后立即将情况告诉了裘慧英。

涂作潮修好发报机离开后,那个胖女人过来串门,向裘慧英打听刚才来的人是谁。裘慧英机智地答复说,是个修灯的工人。

李白下班回来,听裘慧英说起白天的情况,便说:"我要自己学习修理机器,尽量避免和同志们接触。"经过刻苦钻研,李白不久就掌握了很多无线电修理技术。

福声无线电公司在威海卫路338号正式挂牌营业了。这是党组织的情报联络点,"老板"是涂作潮,李白是"账房先生",裘慧英是员工。李白和裘慧英在工作中逐渐产生了纯真的爱情,1940年,经组织批准,两人正式结为革命伴侣。

1941年1月,国民党反动派制造了骇人听闻的皖南事变。李白彻夜守候中央指示,接收电报。皖南事变后不久,刊载着事变真相的传单散发到了全上海,激起了社会各界对国民党顽固派的愤怒声讨。

上海地下党的快速反应刺痛了国民党反动派和日寇的神经,他们串通一气,想方设法侦测秘密电台。为避免树大招风,1942年7月,李白夫妇离开福声公司,转移到福履理路384弄福禄村10号。

福禄村10号是《新闻报》主编、爱国人士许彦飞建造的一栋三层楼房,龚饮冰租下这里,准备给在上海负责中共地下电台工作的郑执中建电台用。后来郑执中离开上海加入新四军,其家属仍然住在这里,李白夫妇以"客人"身份入住,在不易发现的阁楼上安装电台。

一天半夜，李白在阁楼里发报。突然，窗外传来刺耳的警报声和急促的脚步声，李白迅速拆解设备隐藏起来。等日本宪兵破门而入，裘慧英假装从被窝里惊醒，李白则抱着收音机坐在躺椅上抽烟。

日本鬼子质问李白为什么不睡觉,李白佯称是失眠,在听收音机。日本鬼子野蛮地翻箱倒柜进行搜索。

宪兵头目中村闻到了电极烧焦的气味,顺着气味冲到阁楼搜索,活动地板被他踩塌,藏在里面的发报机被搜了出来。

面对日本鬼子的质问,李白声称自己是生意人,这是私人的商业电台,用来做生意用的。凶残的中村立即对李白拳打脚踢,并将李白和裘慧英抓捕起来,押解到四川路桥北崇明路6号的日本宪兵司令部。

残暴的日本宪兵对李白动用各种酷刑,老虎凳、拔指甲、电流炙烤,无所不用其极。李白被折磨得多次昏死过去,又被敌人用冷水浇醒。但他始终咬定只是私人的商业电台,不吐真情。

一个月以后，一无所获的敌人释放了裘慧英。后来李白又被引渡到菲尔路76号汪伪特工总部关押。在那里，他一次次遭受了汪伪特务的鞭打、杠压、老虎凳等酷刑，但坚决没有吐露一点实情。

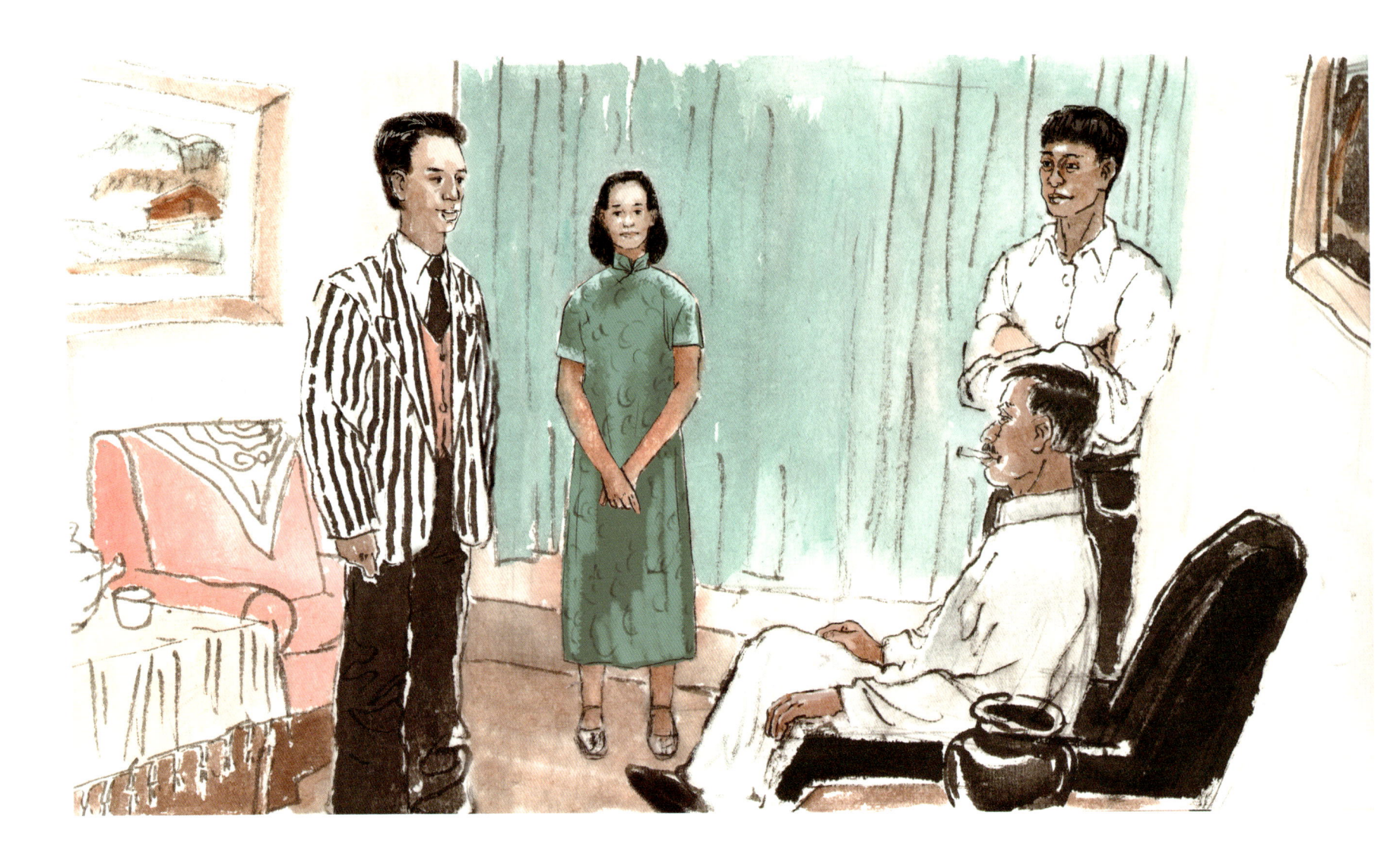

由于李白坚称"私人商业电台"的"口供",这个案子成为"无头案"。裘慧英找到许彦飞,请他帮忙保释。许彦飞找到一个朋友开设在漕家渡的酒店,以酒店做保,救出了李白。

李白出狱以后仍旧遭到特务监视，无法与党组织联系，加上一身伤病，生活非常困难。房东郭佛宜知道后，联合几个朋友在威海卫路、慕尔鸣路口开了一家良友糖果商店，让李白来应聘为店员，以掩人耳目。

1944年秋天，抗日战争已经到了大反攻的前夜，形势错综复杂。李白的党组织关系转到了中央华中情报局，并化名李静安，奉命打入国民党军事委员会国际问题研究所，利用敌人的电台为党工作。

李白和裘慧英一起搬到了浙江淳安。地下党组织在"国研所"这个军统特务机关为李白设立了一个秘密电台,后来这个电台又转移到了浙江场口镇外的杨庄村。

李白因为擅长无线电技术,深受"国研所"主任器重,被调到机要处工作。李白借岗位便利接触了很多国民党、汪伪和日军的机密文件,他将这些情报从场口的电台发往延安,为党中央决策提供了有力依据。

一个黑云密布、夜色深沉的夜晚，住在杨庄的李白正准备休息，许彦飞急匆匆地敲门而入，交给他一份十万火急的情报。原来是一个地下工作者被捕后叛变，整个上海的地下党组织危在旦夕。

因这天不是李白与上海党组织秘密电台通电的日子,情报一时无法通过常规途径传递。李白焦急地在房间里踱来踱去,豆大的汗珠顺着脸颊滚落。

突然，李白想到一个办法。他立即戴上耳机，接通天线，向上海电讯处的紧急备用电台发出"天亮已走，母病危，速转院"的密语。

第二天，叛徒带着凶神恶煞的汪伪特务和日本宪兵扑向我党在上海的各个秘密据点。上海党组织收到李白的情报，早已通知同志们连夜转移了，特务一无所获。

1945年春天，李白奉命将电台从场口转移到淳安。在富春江码头，国民党搜出了李白箩筐中的电台，立即扣押了他。后来因为李白出示"国研所"证件，加上党组织斡旋，由"统益公司"老板王良仲的秘书出面证明，才再次虎口脱险。

李白身处敌特猖獗的国民党统治区,还抽空给家人们写信报平安。日本投降以后,他高兴地给父亲写信报喜:"我们胜利了!男等为国家民族奋斗多年,总算亲眼看见有了今日。"

然而，抗战胜利后，蒋介石又阴谋发动内战。李白夫妇根据党组织的命令，于1945年10月回到上海，在张唯一的领导下工作。他们俩先是借住地下党员谭崇安家，后来以"国研所"职员的身份搬到了虹口区黄渡路107弄6号，继续其秘密情报生涯。

"国研所"撤销以后,李白凭着精湛的无线电技术取得了善后救济总署渔业管理处电气设备修理工的公开身份,继续秘密工作。他每天清早赶到复兴岛干活,深夜则向党中央发送出一份份机密情报。

1946年,李白夫妇有了一个男孩。他们经常将情报放在儿子的帽子、鞋帮甚至尿布里,抱着儿子到住家不远的山阴路千爱里4号传递情报。

1947年上半年，李白夫妇搬到了黄渡路107弄15号三楼，楼下的住户是情报工作者潘子康、何复基夫妇。到了下半年，复兴岛渔业管理处裁员，李白失去了职业的掩护，处境更为艰难。

国民党因内部情报屡屡泄密而气急败坏。他们调兵遣将,采用分区停电的办法来侦测地下党电台,还引进美国先进无线电技术设备,严密封锁上海的天空。组织上被迫中断与李白的电台联络。

1948年秋,解放战争进入战略决战阶段。很多"十万火急"的军事情报必须及时报告中央,组织上决定恢复李白与延安的电台联络。繁重的发报工作使李白原本就虚弱的身体越来越糟。裘慧英看在眼里,疼在心里。李白却反过来安慰她:"不要紧,胜利即将来临,劳动人民的幸福生活有盼头了。"

面对敌人不断采用分区停电等手段侦测地下电台的严峻现实，李白预感到自己难免被捕，建议上级组织建立预备电台。得到批准后，李白承担了收报机的组装工作，并开始设备调试。

由于叛徒出卖，预备电台还没来得及启用，李白的电台就被敌人侦破了。1948年12月30日凌晨，国民党淞沪警备司令部稽查处大肆出动，包围了李白住所。

在叛徒的带领下,气势汹汹的国民党特务撞开房门,在壁橱里搜出了那只装有电器零件的木箱。当敌人从电器零件中找到一只亮光光的电键时,立即扑上来抓住李白拳打脚踢。

国民党特务将李白押到四川北路警备司令部稽查第二大队,对他进行了连续三十多个小时的刑讯逼供。针刺手指、香火烧眉毛和鼻子、上老虎凳……李白被折磨得死去活来,却始终坚贞不屈。特务们无计可施,便将裘慧英母子俩抓来,企图逼降李白。

李白怒斥特务的无耻,然后闭上眼睛说:"我自身尚且不保,哪里还顾得上妻儿。"特务无可奈何,又另生诡计,故意释放裘慧英母子,以求"放长线钓大鱼"。

我在這裏一切自知保重，盡可放心。家庭困苦，望妳善自料理，並好好撫養小孩為盼。

李白先后被关押在威海卫路稽查大队部、黄渡路警备司令部、蓬莱路警察局。1949年4月22日，他给裘慧英写信说："我在这里一切自知保重，尽可放心。家庭困苦，望你善自料理，并好好抚养小孩为盼。"

裘慧英得知看守所后面一户人家的阳台上可以隔窗见到李白，便抱着儿子来探视。李白的双腿已经被老虎凳压断，难友们搀扶着他挪到窗口。看到丈夫手指甲被拔光，身上血迹斑斑，裘慧英心如刀绞。

在狱中，李白将妻子送来的菜分给难友们吃，鼓励大家坚持到胜利的那一天。而此时，解放军百万雄师正在横渡长江，国民党兵败如山倒。

5月7日,李白对前来探视的妻子说:"天快亮了,事到如今,对个人的安危,不必太重视。"傍晚,几辆吉普车飞驶进警察局大门,一队全副武装的宪兵从车上跳下来,传讯李白等12人。

李白知道最后的时刻来临。他从容不迫地脱下囚服,换上入狱时穿的长衫,和难友们一起昂首上了吉普车。

由于蒋介石对李白案亲批"坚不吐实，处以极刑"，离上海解放仅有20天，李白等12位难友牺牲在浦东戚家庙一片乱坟荒茔处。后人以《南歌子》一阕悼念：夜色沉如水，黎明幻若真。戚家无庙祭芳魂，高唱凯歌热血铸昆仑。

李白牺牲了,精神却永存。李白的骨灰安葬在上海龙华烈士陵园。李白居住过的黄渡路107弄15号被确定为李白烈士故居。八一电影制片厂以李白事迹为原型拍摄了电影《永不消逝的电波》。2009年,李白入选"100位为新中国成立作出突出贡献的英雄模范人物"。有人高度赞扬道:披肝沥胆起张坊,万里征尘百战忙。鬼魅洋场曾卧虎,电波千里送曙光。

在李白故乡浏阳,烈士故居被列为国家安全教育基地和湖南省爱国主义教育基地。他的英雄事迹随着浏阳河水流传到五湖四海,激励着后人为祖国振兴、民族复兴而奋勇前进。

红土地，板溪村。繁花蜂蝶舞，芳草霭烟熏。弦歌频奏振兴曲，雨润神州酬党恩。今天，中国人民正在习近平新时代中国特色社会主义思想指引下昂首阔步奔向民族复兴的美好未来，浏阳农村也踏上了乡村振兴的新征程。

九四 ｜ 九五 ｜ 九六 ｜ 九七

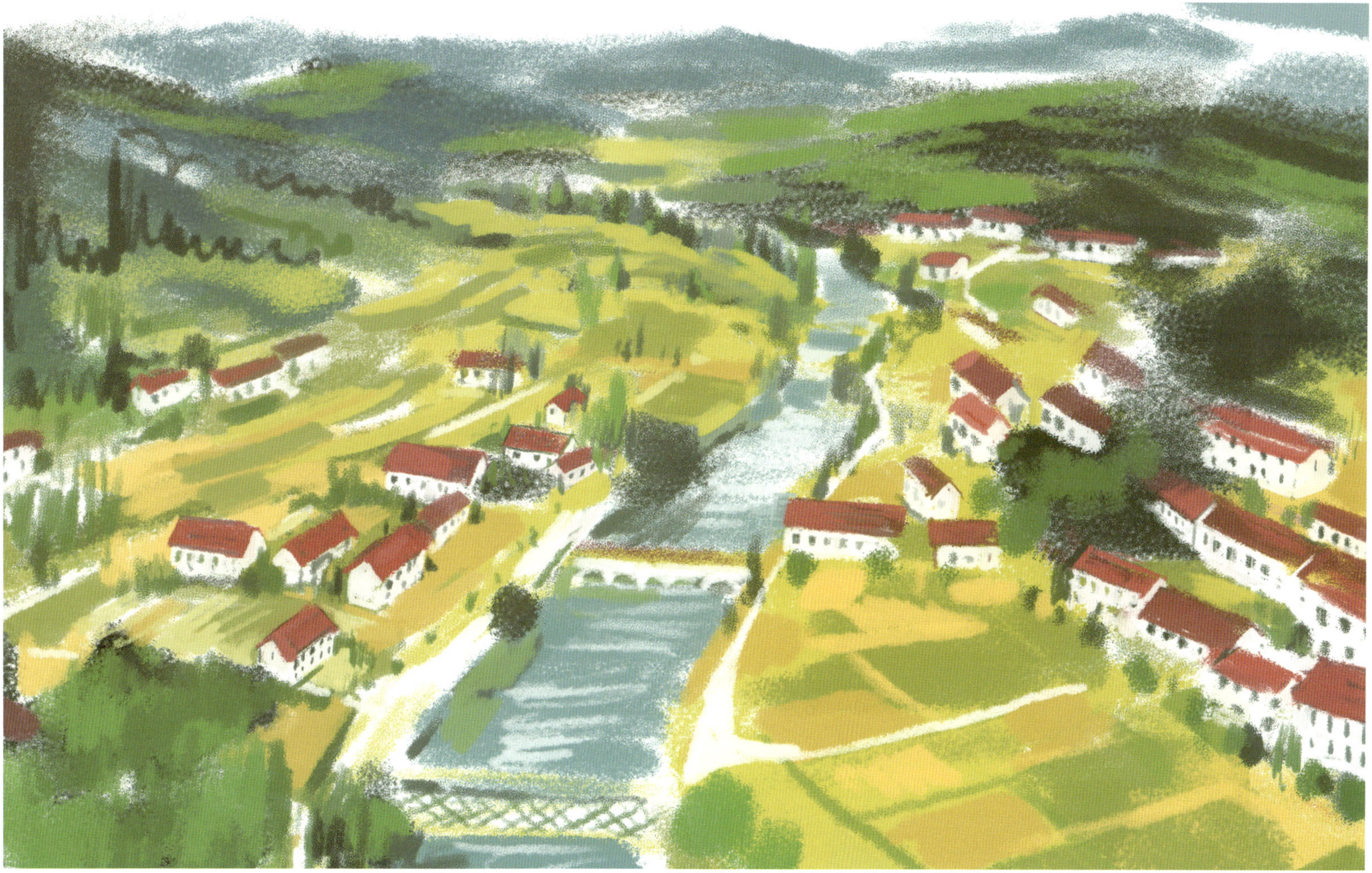

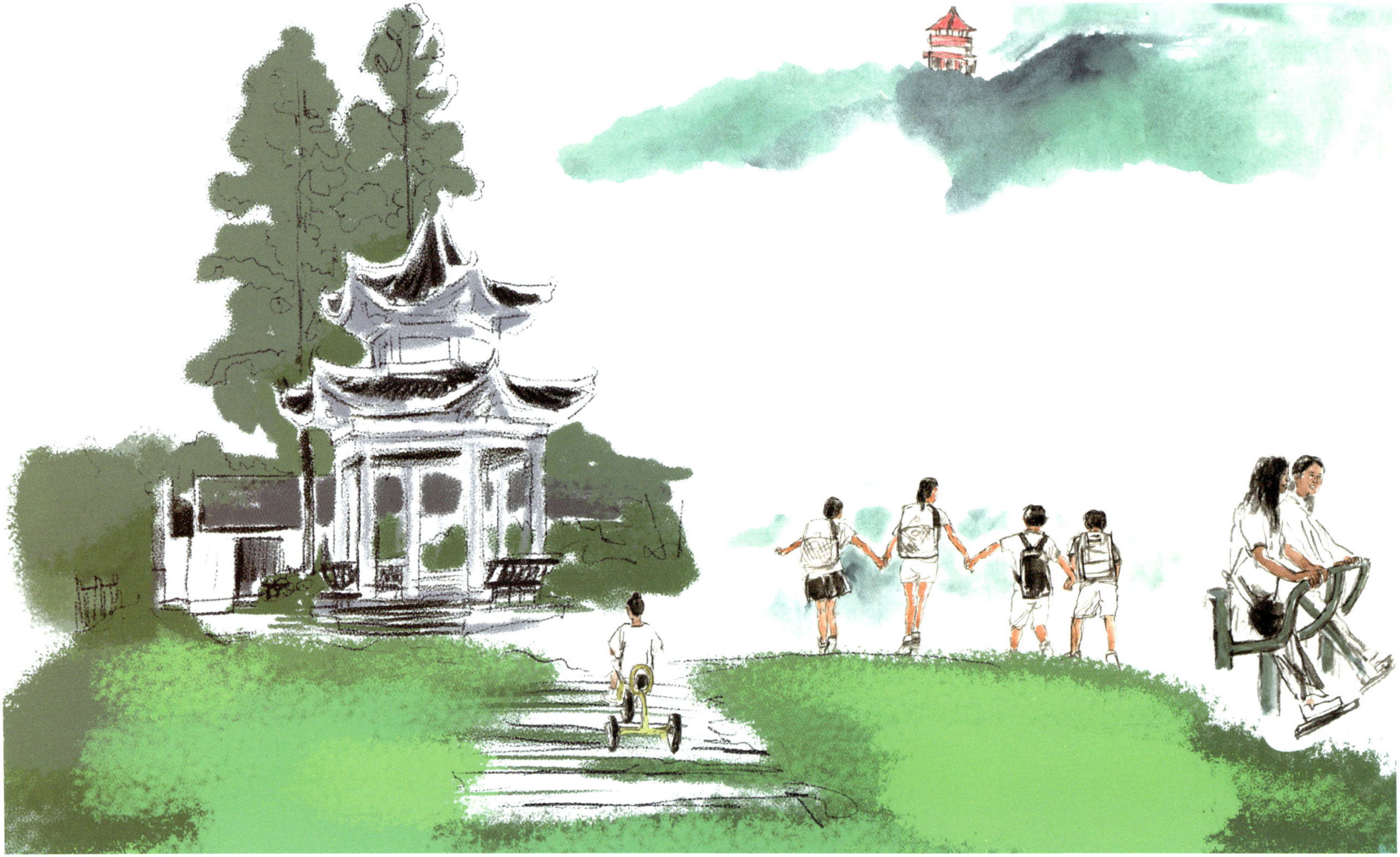

后记

为加大长沙红色资源的挖掘和利用力度，拓展党史宣传教育创新广度，讲好"长沙红"经典故事，推动党史学习教育常态化、长效化，特别是为青少年提供喜闻乐见的党史学习教育读本，长沙市委党史研究室于2022年初正式启动了"长沙红"系列连环画编创工作，《李白烈士》为首部作品。

"长沙红"系列连环画采用了中国画特有的表现形式水墨画创作，旨在将中国传统文化与中共党史文化有机融合，相得益彰，从而更加坚定我们的文化自信，更加有力地推动红色基因的传承。

该项工作得到湖南省委党史研究院和长沙市委领导的高度重视，在长沙市委宣传部和市委党史研究室的精心组织下，在湖南美术出版社、长沙师范学院等单位的大力支持下，《李白烈士》得以付梓。在此，向所有为《李白烈士》的编创、出版付出艰辛努力的同志一并表示衷心的感谢！

中共长沙市委党史研究室

2023年8月

【版权所有，请勿翻印、转载】

图书在版编目(CIP)数据

李白烈士：红色电波永不消逝／中共长沙市委党史研究室编绘
．— 长沙：湖南美术出版社，2023.12
　ISBN 978-7-5356-9998-5

Ⅰ．①李… Ⅱ．①中… Ⅲ．①李白－传记－画册 Ⅳ．① K827=6

中国版本图书馆 CIP 数据核字 (2022) 第 252085 号

李白烈士——红色电波永不消逝
LI BAI LIESHI—HONGSE DIANBO YONG BU XIAOSHI

出 版 人：黄　啸	编　　绘：中共长沙市委党史研究室
绘　　画：肖　伟	撰　　文：陈佑臻　吉建良
责任编辑：杜作波	责任校对：徐　盾

整体设计：格局创界 Gervision

出版发行：湖南美术出版社（长沙市东二环一段 622 号）

印　　刷：长沙新湘诚印刷有限公司

开　　本：787mm×1092mm　1/16

印　　张：6.75

版　　次：2023 年 12 月第 1 版

印　　次：2023 年 12 月第 1 次印刷

定　　价：58.00 元

销售咨询：0731-84787105
如有倒装、破损、少页等装帧质量问题，请与印刷厂联系更换。联系电话：0731-84363767